ISABELLE GUERRE

Fotos: Aline Princet

Die besten Rezepte vom Blech

für Hauptgerichte & Desserts
schnell belegt, gebacken, fertig!

Bassermann

INHALT

SALZ
+ PFEFFER

Wie wäre es, mal ein komplettes Gericht – ganz ohne Töpfe und Pfannen – **auf nur einem Backblech** zuzubereiten?

Während Fleisch und Gemüse sanft im Ofen schmoren und ihre herrlichen Röstaromen entfalten, können Sie sich bequem anderen Dingen widmen.

Die Zutaten werden **in einer Schicht** auf das Blech gelegt, so bewahren die Gerichte ihren vollen Geschmack und garen obendrein einfach und schnell.

Für die Zubereitung der Rezepte in diesem Buch eignen sich **normale Backbleche**, **Fettpfannen** oder **große Auflaufformen** – idealerweise **mit Antihaft-Beschichtung**, damit der Abwasch nachher leichter fällt. Alternativ können Sie Bleche und Formen auch mit **Backpapier** auslegen.

Für perfekt gegartes Gemüse decken Sie das Blech zu Beginn mit **Alufolie** ab – so entsteht Wasserdampf, der das Gemüse gleichzeitig im Ofen gart und vorm Austrocknen schützt.

Wenden Sie Fleisch und Gemüse während des Garens ein- bis zweimal, um ein gleichmäßiges Garergebnis zu erhalten. Wenn im Rezept Brühe oder eine andere Flüssigkeit verwendet wird, **drücken Sie die Zutaten zwischendurch mit einem Pfannenwender** leicht aufs Blech, um sie mit Bratsud zu durchtränken.

Lassen Sie das Gericht zum Ende hin immer ohne Alufolie fertigbacken, damit die Zutaten schön goldbraun werden und ihr volles Aroma entfalten.

Sofern nicht anders angegeben oder abgebildet, werden Zwiebeln und Knoblauch vor der Verarbeitung abgezogen. Ingwerwurzel wird geschält und gerieben. Frische Kräuter werden gehackt. Die Schale von Zitrusfrüchten wird abgerieben verwendet. Der Backofen wird mit Ober- und Unterhitze vorgeheizt.

HÄHNCHEN im Speckmantel

1 kg festkochende Kartoffeln

KRÄUTER DER PROVENCE

400 ml HÜHNER-brühe

2 EL Sonnen-blumenöl

16 dünne Scheiben GERÄUCHERTER SPECK

8 HÄHNCHEN-keulen

SALZ + PFEFFER

1 Den Backofen auf 200 °C vorheizen. Die Kartoffeln schälen, waschen und sehr fein hobeln.

2 Das Backblech mit etwas Öl einfetten und die Kartoffelscheiben gleichmäßig darauf verteilen. Mit Salz, Pfeffer und Kräutern der Provence würzen, dann mit der Brühe übergießen.

3 Die Hähnchenkeulen jeweils mit 2 Scheiben Speck umwickeln und auf die Kartoffeln legen. Mit dem restlichen Öl beträufeln und mit Kräutern der Provence bestreuen.

4 Im Ofen 40 Minuten garen. Die Kartoffeln ein- bis zweimal mit einem Pfannenwender andrücken, um sie mit der Bratflüssigkeit zu tränken. Die Hähnchenkeulen einmal wenden, sodass sie gleichmäßig goldbraun werden. Heiß servieren.

FÜR **4** PERSONEN

VORBEREITEN: 30 MIN.
GAREN: 40 MIN.

1 Das Gemüse waschen. Die Zucchini längs halbieren und in Stücke schneiden. Das Gemüse auf dem Backblech verteilen.

2 Den Backofen auf 200–220 °C vorheizen. Die Filets zwischen das Gemüse legen. Gemüse und Fleisch mit Thymianblättern, Ras-el-Hanout und, falls verwendet, gehacktem Chili würzen. Die eingelegte Zitrone klein schneiden und mit dem Öl auf das Blech geben. Mit Salz und Pfeffer bestreuen, dann alle Zutaten mit den Händen vermischen. 10 Minuten ruhen lassen.

3 Im Ofen 35 Minuten garen. Nach der Hälfte der Garzeit Fleisch und Gemüse wenden. Heiß mit Kartoffeln, Reis oder frischem Brot zum Aufstippen der Sauce servieren.

GEFLÜGEL - 10

FÜR **4** PERSONEN

VORBEREITEN: 15 MIN.
RUHEN: 10 MIN.
GAREN: 35 MIN.

HÄHNCHENBRUSTFILET
marokkanisch

2 große Zucchini

4 Hähnchenbrustfilets

500 g Kirschtomaten

8 ZWEIGE THYMIAN

1 kleine rote Chili (nach Belieben)

1 EL Ras-el-Hanout

SALZ + PFEFFER

4 EL natives OLIVENÖL extra

1 eingelegte Salzzitrone

HÄHNCHEN
Hawaii

2 Zwiebeln

½ ANANAS

5 kleine Süß-kartoffeln (etwa 600 g)

1 kleine rote Chili (nach Belieben)

1 grüne Paprika

1 EL Paprikapulver

4 EL NATIVES OLIVENÖL EXTRA

6 HÄHNCHEN-schenkel

SALZ + PFEFFER

1 Den Backofen auf 200 °C vor-heizen. Die Ananas grob wür-feln. Die Süßkartoffeln schälen und würfeln. Die Paprika in Stü-cke schneiden. Die Zwiebeln in grobe Streifen schneiden.

2 Gemüse und Ananas auf dem Blech verteilen. Die Hähn-chenschenkel darauflegen. Alles großzügig mit Salz, Pfeffer, Pap-rikapulver und, falls verwendet, gehacktem Chili bestreuen. Mit dem Öl beträufeln und mit den Händen gut vermischen.

3 Im Ofen 45 Minuten garen. Zum gleichmäßigen Bräunen Hähnchenschenkel und Beilagen zwischendurch zweimal wenden.

FÜR **6** PERSONEN

VORBEREITEN: 20 MIN.
GAREN: 45 MIN.

Hähnchen mit EXOTISCHEM Touch

1 Den Backofen auf 200 °C vorheizen. Zwiebeln und Zitronen vierteln.

2 Zwiebeln, Zitronen, Hähnchenstücke, Oliven und Mandeln auf dem Blech verteilen. Mit Salz, Pfeffer, Oregano und Kreuzkümmel würzen. Das Öl zugeben und alles mit den Händen gut vermischen. Mit 100 ml Wasser aufgießen, sodass der Boden des Bleches bedeckt ist.

3 Mit Alufolie abdecken und 15 Minuten im Ofen garen. Die Folie abnehmen und weitere 25 Minuten garen. Die Zutaten gelegentlich wenden.

4 15 Minuten vor Ende der Garzeit die Kichererbsen zufügen. Mit Couscous servieren.

GEFLÜGEL - 14

FÜR **4** PERSONEN
VORBEREITEN: 15 MIN.
GAREN: 40 MIN.

HÄHNCHEN-TAJINE
vom Blech

1 ganzes Hähnchen, **zerteilt**

250 G KICHERERBSEN AUS DER DOSE

2 Bio-Zitronen

80 g entsteinte grüne Oliven

4 Zwiebeln

100 ml natives Olivenöl extra

80 G BLANCHIERTE MANDELKERNE

SALZ + PFEFFER

1 EL getrockneter Oregano

1 EL gemahlener Kreuzkümmel

Reise in den Orient

POULARDE
vom Blech

800 g festkochende BIO-KARTOFFELN

2 EL GETROCKNETER OREGANO

1 MAISPOULARDE, IM SCHMETTERLINGS-SCHNITT

Bitten Sie den Fleischer, dies zu tun

2 Bio-Zitronen

100 ml natives Olivenöl extra

SALZ + PFEFFER

6 Knoblauch-zehen

1 Den Backofen auf 220 °C vorheizen. Die Poularde rundherum salzen.

2 Die Zitronen in dicke Scheiben schneiden. Die Kartoffeln mit Schale waschen und vierteln.

3 Kartoffeln und Knoblauch auf dem Backblech verteilen. Mit Salz, Pfeffer und Oregano bestreuen. 75 ml Öl zugeben und alles mit den Händen vermischen. Die Poularde mittig auf das Gemüse legen, dabei die Kartoffeln etwas an den Rand schieben. Die Zitronenscheiben auf dem Blech und unter dem Hähnchen verteilen. Das Hähnchen mit dem restlichen Öl beträufeln und 45 Minuten im Ofen garen. Hähnchen und Kartoffeln zwischendurch zweimal wenden.

GEFLÜGEL - 16

FÜR **4 - 6** PERSONEN

VORBEREITEN: 20 MIN.
GAREN: 45 MIN.

Ein *griechischer* KLASSIKER

BRATHÄHNCHEN
mit Sommergemüse

1 Den Backofen auf 200 °C vorheizen. Zucchini, Auberginen und Paprikaschoten waschen und klein schneiden. Die Zwiebeln klein schneiden. Die Tomaten waschen, die Rispe jedoch nicht entfernen.

2 Gemüse und Hähnchenfleisch auf dem Backblech verteilen. Mit Salz, Pfeffer und Kräutern der Provence bestreuen. Mit Öl beträufeln und alle Zutaten mit den Händen vermischen.

3 Im Ofen 40 Minuten garen. Für eine gleichmäßige Bräunung die Zutaten zwischendurch ein- bis zweimal wenden.

SALZ + PFEFFER

400 g Cocktailtomaten an der Rispe

2 EL Kräuter der Provence

natives Olivenöl extra

2 Zucchini

1 rote PAPRIKA

6 HÄHNCHEN-OBER-SCHENKEL

2 ZWIEBELN

2 Auberginen

1 grüne Paprika

FÜR **6** PERSONEN

VORBEREITEN: 20 MIN.
GAREN: 40 MIN.

PUTENBRUST
koreanisch

200 g Zuckerschoten

800 g PUTENfilet

2 Knoblauchzehen

1 EL scharfe Chilisauce (Sriracha)

50 ml Sojasauce

2 KÖPFE BROKKOLI

3 Karotten

20 g Sesamsaat

1 ZWIEBEL

1 Stück INGWERWURZEL (2 CM)

4 EL Sonnenblumen-ÖL

frischer Koriander und Schnittlauch (oder Frühlingszwiebeln), zum Servieren

SALZ + PFEFFER

1 Den Backofen auf 180 °C vorheizen. Das Fleisch in 2 cm große Stücke schneiden.

2 Den Brokkoli in Röschen teilen und die Karotten in feine Scheiben schneiden. Die Zwiebel in Streifen schneiden. Die Zuckerschoten waschen. Sojasauce, Ingwer, Knoblauch, Öl, Chilisauce und 2 EL Wasser in einer kleinen Schüssel verrühren.

3 Fleisch und Gemüse auf dem Backblech verteilen und mit der Sauce übergießen, dann mit Salz und Pfeffer würzen und gut vermischen. Mit Sesamsaat bestreuen und 30 Minuten im Ofen garen. Die Zutaten zwischendurch ein- bis zweimal wenden, damit sie schön bräunen. Mit Koriander und Schnittlauch bestreut servieren.

FÜR **6** PERSONEN

VORBEREITEN: 15 MIN.
GAREN: 30 MIN.

PUTENSCHNITZEL
herbstlich

50 g PEKAN- nusskerne

60 G GETROCKNETE CRANBERRYS

4 EL SONNEN- BLUMENÖL

2 ROTE ZWIEBELN

5 Süß- kartoffeln

200 g grüne Bohnen

1 kg Putenfilet

½ TL geriebene MUSKATNUSS

4 Zweige THYMIAN

SALZ + PFEFFER

1 Den Backofen auf 200 °C vorheizen. Das Fleisch in Würfel schneiden. Die Bohnen in 3 cm lange Stücke schneiden. Die Süßkartoffeln waschen, schälen und in Würfel schneiden. Die Zwiebeln vierteln.

2 Fleisch und Gemüse auf dem Backblech verteilen. Mit Muskatnuss, Salz, Pfeffer und Thymian würzen. Mit Öl beträufeln und alle Zutaten gut vermischen.

3 Mit Alufolie abdecken und 30 Minuten im Ofen garen. Die Zutaten zwischendurch ein- bis zweimal wenden. Cranberrys und Pekannüsse zufügen und weitere 10 Minuten ohne Alufolie garen.

FÜR **6** PERSONEN
VORBEREITEN: 15 MIN.
GAREN: 30 MIN.

Zwischenstopp **in den** USA

1 Den Backofen auf 180 °C vorheizen. Den Knoblauch pressen und mit Honig, Sojasauce und Essig zu einer Sauce verrühren.

2 Die Entenbrust in Streifen schneiden und in der Sauce marinieren. Den Rosenkohl vierteln. Die Bohnen putzen und in 3 cm große Stücke schneiden. Die Zwiebel in dünne Spalten schneiden.

3 Das Gemüse auf dem Backblech verteilen und 100 ml Wasser und etwas Marinade zugießen. Mit Alufolie abgedeckt 25 Minuten im Ofen garen. Das Gemüse zwischendurch einmal wenden. Das Fleisch auf dem Blech verteilen und ohne Alufolie weitere 15 Minuten garen, dabei die Zutaten ein- bis zweimal wenden. Mit Koriander und Frühlingszwiebeln bestreut servieren.

FÜR **4** PERSONEN

VORBEREITEN: 20 MIN.
GAREN: 25 MIN.

ENTE
mit Rosenkohl

2 EL Reisessig (oder heller Essig)

1 EL flüssiger Honig (oder brauner Zucker)

Koriander und Frühlingszwiebeln, gehackt, zum Servieren

600 g Entenbrust-filet

500 G ROSENKOHL

1 rote Zwiebel

2 KNOBLAUCH-ZEHEN

400 g GRÜNE BOHNEN

100 ml Sojasauce

ENTENBRUST
mit Fenchel

50 ml TROCKENER WEISSWEIN

4 KNOLLEN FENCHEL

1 EL FENCHEL-SAMEN

2 Entenbrust-filets

50 ml natives Olivenöl extra

SALZ + PFEFFER

1 Den Backofen auf 220 °C vorheizen. Die Enden der Fenchelstiele abschneiden. Das Fenchelgrün, falls vorhanden, hacken und beiseitestellen. Die Fenchelknollen längs vierteln.

2 Öl, Weißwein, Fenchelsamen, Salz und Pfeffer in einer Schüssel verrühren. Den Fenchel hineingeben und gut darin wenden. Auf dem Backblech verteilen und mit Alufolie abgedeckt 15 Minuten im Ofen garen.

3 Die Entenbrustfilets großzügig salzen und pfeffern. Auf das Blech geben, die Temperatur auf 240 °C erhöhen und weitere 20 Minuten garen. Fleisch und Fenchel nach 10 Minuten einmal wenden. Mit Fenchelgrün bestreut servieren.

GEFLÜGEL - 26

FÜR **4** PERSONEN

VORBEREITEN: 20 MIN.
GAREN: 35 MIN.

1 Den Backofen auf 200 °C vor-
heizen. Die Bohnen putzen.
Die Äpfel waschen und vierteln.
Cidre, Öl und Salbei in einer
Schüssel verrühren. Mit Salz
und Pfeffer würzen.

2 Die Schweinekoteletts salzen
und pfeffern. Mit Bohnen und
Äpfeln auf dem Backblech verteilen. Mit der Sauce übergießen
und alle Zutaten mit den Händen
gut vermischen.

3 Mit Alufolie abdecken und
10 Minuten im Ofen garen.
Anschließend ohne Alufolie weitere 20 Minuten garen. Koteletts
und Beilagen nach 10 Minuten
einmal wenden.

FLEISCH - 28

FÜR **4** PERSONEN
VORBEREITEN: 10 MIN.
GAREN: 30 MIN.

KOTELETTS MIT CIDRE,
Äpfeln und Bohnen

SALZ
+ PFEFFER

4 → Bio-
ÄPFEL

50 ml Sonnen-
← blumenöl

200 ML
CIDRE

2 Zweige
frischer oder
getrockneter
Salbei →

4 etwas dicker
Schweine-
KOTELETTS

500 G GRÜNE
BOHNEN

Schweinefleisch *mal anders*

SCHWEINEFILET
mit Kartoffeln und Lauch

1 EL getrockneter Oregano

4 EL BARBECUE- SAUCE

4 EL NATIVES OLIVENÖL EXTRA

1 kg kleine Kartoffeln

2 Schweinefilets
(etwa 800 g)

3 Stangen LAUCH

SALZ + PFEFFER

1 Den Backofen auf 200 °C vor-heizen. Kartoffeln und Lauch waschen. Den Lauch in 5 cm gro-ße Stücke schneiden und dann längs halbieren. Das Gemüse auf dem Blech verteilen und mit 3 Esslöffeln Öl beträufeln. Mit Oregano, Salz und Pfeffer wür-zen und alles gut vermischen.

2 Die Barbecue-Sauce mit dem restlichen Öl verrühren und die Schweinefilets rundum mit der Sauce einpinseln. Auf das Blech legen und 30 Minuten im Ofen garen. Nach der Hälfte der Garzeit das Fleisch nochmals mit der Sauce bestreichen und alle Zutaten wenden.

FÜR **6** PERSONEN
VORBEREITEN: 15 MIN.
GAREN: 30 MIN.

1 Den Backofen auf 220 °C vorheizen. Rote Bete und Kürbis in Würfel schneiden (Butternusskürbis zunächst schälen). Die Kartoffeln in Stücke und die Zwiebeln in Spalten schneiden.

2 Das Gemüse auf dem Backblech verteilen. Mit Salz, Pfeffer und Salbei würzen. Knoblauch und etwas Öl zugeben und alle Zutaten mit den Händen gut vermischen. Die Würstchen auf dem Blech verteilen und mit dem restlichen Öl beträufeln.

3 30 Minuten im Ofen garen. Würstchen und Gemüse zwischendurch ein- bis zweimal wenden.

FLEISCH - 32

FÜR **4** PERSONEN

VORBEREITEN: 15 MIN.
GAREN: 30 MIN.

WÜRSTCHEN
mit Mischgemüse

1 ROHE
Rote Bete

400 G FESTKOCHENDE KARTOFFELN

4 Knoblauchzehen

4 EL NATIVES OLIVENÖL EXTRA

1 Hokkaidokürbis
oder 600 g
BUTTERNUSS-
KÜRBIS

4 Zweige
SALBEI

4 frische grobe Schweinswürste

1 Zwiebel

SALZ
+ PFEFFER

CHORIZO
mit Rispentomaten

500 g COCKTAILTOMATEN
an der Rispe

1 EL
GERÄUCHERTES
PAPRIKAPULVER

2 Zucchini

4 EL natives
Olivenöl extra

4 CHORIZOS

1 Zwiebel

SALZ
+ PFEFFER

1 Den Backofen auf 220 °C vorheizen. Zucchini und Tomaten waschen, die Tomatenrispe jedoch nicht entfernen. Die Zucchini in Stücke und die Zwiebel in Streifen schneiden. Das Gemüse auf dem Backblech verteilen.

2 Mit Paprikapulver, Salz und Pfeffer bestreuen. Mit dem Öl beträufeln und alles vorsichtig vermischen. Die Chorizos auf dem Gemüse verteilen und 25 Minuten im Ofen garen. Die Zutaten nach 15 Minuten wenden, um die Chorizos mit der Bratflüssigkeit zu überziehen.

VARIANTE: Kichererbsen aus der Dose abtropfen lassen und 10 Minuten vor Ende der Garzeit auf das Blech geben, um ein vollwertiges Gericht zu erhalten.

FÜR **4** PERSONEN

VORBEREITEN: 10 MIN.
GAREN: 25 MIN.

Ein Hauch von SPANIEN

1 Den Backofen auf 220 °C vorheizen. Karotten und Steckrüben schälen und klein schneiden. Die Kartoffeln mit Schale waschen und halbieren. Die Frühlingszwiebeln in Stücke schneiden.

2 Braten und Gemüse auf dem Backblech verteilen. Rosmarin, etwas Öl, Salz und Pfeffer verrühren. Die Sauce über Braten und Gemüse geben. Knoblauch und übriges Öl auf dem Blech verteilen. 40 Minuten im Ofen garen, dabei das Gemüse gelegentlich wenden. Der Braten ist gar, wenn beim Einstechen klarer Bratensaft austritt.

3 Vor dem Servieren das Blech mit Alufolie abdecken und 10 Minuten ruhen lassen, damit das Fleisch zart wird.

FÜR **6** PERSONEN
VORBEREITEN: 20 MIN.
GAREN: 40 MIN.
RUHEN: 10 MIN.

SCHWEINEBRATEN
mit geröstetem Gemüse

SALZ + PFEFFER

1 kg Schweinebraten

2 Zweige Rosmarin

1 Bund Frühlingszwiebeln

4 Steckrüben

4 Knoblauchzehen

6 festkochende Kartoffeln

4 Karotten

4 EL natives Olivenöl extra

RUMPSTEAK
mexikanisch

4 EL NATIVES OLIVENÖL EXTRA

1 EL Paprikapulver

1 EL getrockneter OREGANO

FRISCHER KORIANDER

Schale und Saft von 1 Bio-Limette

2 Zwiebeln

2 dicke RUMPSTEAKS
(ETWA 600 G)

100 G CHEDDAR, GERIEBEN

4 PAPRIKA
(rot, gelb, grün und orange)

SALZ + PFEFFER

1 Den Backofen auf 220 °C vorheizen. Die Paprika in Ringe und die Zwiebeln in Streifen schneiden.

2 Das Gemüse auf dem Backblech verteilen. Mit Oregano, Paprikapulver, Salz und Pfeffer bestreuen. Öl, Limettenschale und -saft zugeben und alles mit den Händen vermischen. Die Rumpsteaks zwischen das Gemüse legen und mit Salz und Pfeffer bestreuen. 20 Minuten im Ofen garen.

3 Das Blech aus dem Ofen nehmen und das Fleisch in Scheiben schneiden. Das Gemüse mit Cheddar bestreuen und nochmals kurz im Ofen garen, bis der Käse geschmolzen ist. Mit Koriander bestreut servieren. Dazu passen Reis oder Tortillas, mit denen Sie leckere Wraps zubereiten können.

FÜR 4 PERSONEN

VORBEREITEN: 20 MIN.
GAREN: 20 MIN.

Ein Touch von TEXMEX

1 Den Backofen auf 200 °C vorheizen. Die Paprika würfeln und die Zwiebeln hacken. Das Rindfleisch sehr klein schneiden und mit dem Gemüse vermengen. Öl, Salz und Pfeffer darübergeben und nochmals alles vermischen.

2 Tortilla-Chips, Paprika, Zwiebeln, Fleisch und Cheddar auf dem Backblech verteilen. 15 Minuten im Ofen garen.

3 In der Zwischenzeit die Frühlingszwiebeln hacken, die Korianderblätter von den Stängeln zupfen und die Avocado entkernen und in Scheiben schneiden. Nach Ende der Garzeit auf dem Blech verteilen und mit einigen Löffeln Crème Fraîche oder griechischem Joghurt servieren.

FLEISCH - 40

FÜR 4-6 PERSONEN
VORBEREITEN: 15 MIN.
GAREN: 15 MIN.

NACHOS
würzig belegt

1 weiche **Avocado**

SALZ + PFEFFER

200 g Cheddar, gerieben

200 g TORTILLA-Chips

2 Zwiebeln

200 G GEGARTES RINDFLEISCH

200 g Crème Fraîche oder griechischer Joghurt

3 PAPRIKA (ROT, GELB UND GRÜN)

1 Bund Frühlingszwiebeln

2 EL natives Olivenöl extra

FRISCHER Koriander

PERFEKT *zum Aperitif*

HACKBÄLLCHEN
mit Bohnen und Tomaten

1 Ei

500 g WEISSE BOHNEN aus der Dose (Abtropfgewicht)

700 g Rinder-**hackfleisch**

1 ZWIEBEL

1 EL Kreuz-kümmel-samen

500 G BUNTE KIRSCH-TOMATEN

4 EL NATIVES OLIVENÖL EXTRA

2 EL Kräuter der PROVENCE

SALZ + PFEFFER

1 Den Backofen auf 200 °C vorheizen. Die Zwiebel hacken und mit Fleisch, Ei, Kreuzkümmelsamen, Salz und Pfeffer vermischen und zu gleich großen Hackbällchen formen.

2 Die Tomaten waschen. Mit den Hackbällchen auf dem Backblech verteilen. Öl und Kräuter der Provence zugeben. Alle Zutaten vorsichtig vermischen.

3 20 Minuten im Ofen garen. und das Gemüse zwischendurch ein- bis zweimal wenden, damit es gleichmäßig bräunt. Die Bohnen nach 20 Minuten zugeben, mit der Bratflüssigkeit vermischen und weitere 10 Minuten fertiggaren.

FÜR **6** PERSONEN

VORBEREITEN: 30 MIN.
GAREN: 30 MIN.

IDEAL für Kinder

1 Das Roastbeef 30 Minuten vor der Zubereitung aus dem Kühlschrank nehmen, sodass es Raumtemperatur annimmt. Den Backofen auf 240 °C vorheizen. Die Tomaten vierteln und die Zwiebeln in Streifen schneiden.

2 Gemüse und Lorbeerblätter auf dem Backblech verteilen. Mit Salz und Pfeffer bestreuen. 2 Esslöffel Öl zugeben und alle Zutaten vermischen. Den Braten in die Mitte des Blechs setzen und mit dem restlichen Öl einpinseln. 20 Minuten im Ofen garen (wenn das Fleisch blutig sein soll).

3 Das Blech aus dem Ofen nehmen, mit Alufolie abdecken und 10 Minuten ruhen lassen, damit das Fleisch zart wird. Das Fleisch in dünne Scheiben schneiden und mit Bratflüssigkeit servieren.

FLEISCH - 44

FÜR **6** PERSONEN

VORBEREITEN: 15 MIN.
GAREN: 20–25 MIN.
RUHEN: 10 MIN.

RINDERBRATEN
auf dem Tomatenbett

3 EL
SONNENBLUMENÖL

1 *ganzes*
Roastbeef
(700–800 g)

2 ZWIEBELN

1 kg
Tomaten

6 LORBEER-
blätter

SALZ
+ PFEFFER

GEFÜLLTE TOMATEN
auf Reis

SALZ
+ PFEFFER

½ BUND
PETERSILIE

700 G GEGARTES FLEISCH
(Z. B. RINDERBRATEN, BRATHÄHNCHEN ODER LAMM,
SEHR KLEIN GESCHNITTEN) ODER RINDERHACKFLEISCH

12 große
TOMATEN

200 g
Wurstbrät

300 g
Reis

Brühe oder
Wasser im
doppelten
Volumen
vom Reis

2 EL natives Olivenöl extra

2 KNOBLAUCH-
zehen

DAS REZEPT

1 Die Brühe in einem Topf zum Kochen bringen. Den Reis hineingeben, 5 Minuten kochen und anschließend den Herd ausstellen und den Reis bei geschlossenem Deckel quellen lassen. Den Backofen auf 180 °C vorheizen.

2 Knoblauch und Petersilie hacken. Den oberen Teil der Tomaten abschneiden und die Tomaten mit einem Löffel vorsichtig aushöhlen. Fleisch, Wurstbrät, Knoblauch, Petersilie, Salz und Pfeffer vermischen und die Tomaten damit füllen.

3 Den Reis mit Brühe in einem tiefen Blech verteilen und die gefüllten Tomaten daraufsetzen. Mit dem Öl beträufeln und 45 Minuten im Ofen garen, bis der Reis die Brühe vollständig aufgesogen hat und das Fleisch gar ist.

FÜR **6** PERSONEN

VORBEREITEN: 30 MIN.
GAREN: 50 MIN.

1 Den Backofen auf 220 °C vorheizen. Die Lammschulter mit
klein geschnittenem Knoblauch
spicken und mit 2 EL Öl einreiben. Mit Salz, Pfeffer und 1 EL
Kräuter der Provence würzen.

2 Den Blumenkohl in Röschen
teilen und die Zwiebel in
Streifen schneiden. Das Gemüse
auf dem Backblech verteilen.
Restliches Öl, Kräuter der Provence, Senf, Salz und Pfeffer zugeben und alles vermischen. Die
Lammschulter in die Mitte des
Blechs setzen und 50 Minuten
im Ofen garen. Fleisch und Blumenkohl zwischendurch zweimal wenden.

3 Das Blech aus dem Ofen nehmen, mit Alufolie abdecken
und vor dem Servieren 10 Minuten ruhen lassen.

FLEISCH - 48

FÜR **4** PERSONEN

VORBEREITEN: 15 MIN.
GAREN: 50 MIN.
RUHEN: 10 MIN.

LAMMSCHULTER
mit Blumenkohl

2 EL körniger Senf ⟹

↑2 KNOBLAUCH-
zehen

2 EL KRÄUTER
DER PROVENCE

1 Zwiebel

1 LAMM-
schulter

1 BLUMENKOHL

4 EL
natives Olivenöl
extra

SALZ
+ PFEFFER

LAMMKEULE
~ mit Rösti ~

SALZ + PFEFFER

6 große Kartoffeln

1 LAMM-keule

1 ZWIEBEL

•3 Tomaten

1 Zucchini

6 EL natives Olivenöl extra

1 rote PAPRIKA

3 KNOBLAUCH-zehen

1 Den Backofen auf 200 °C vorheizen. Die Lammkeule mit klein geschnittenem Knoblauch spicken und mit Öl einreiben. Die Tomaten vierteln. Zucchini und Paprika und Zwiebel in Stücke schneiden.

2 Die Kartoffeln schälen, waschen und fein reiben. Mit Salz und Pfeffer würzen und 2 Esslöffel Öl unterrühren. Kleine Puffer formen und mit Gemüse und Lammkeule auf dem Backblech verteilen. Das restliche Öl darüberträufeln.

4 1 Stunde im Ofen garen. Gemüse und Kartoffelrösti zwischendurch einmal, die Lammkeule zweimal wenden. Das Blech aus dem Ofen nehmen, mit Alufolie abdecken und vor dem Servieren 10 Minuten ruhen lassen.

FLEISCH - 50

FÜR **6** PERSONEN

VORBEREITEN: 30 MIN.
GAREN: 1 STD.
RUHEN: 10 MIN.

Perfektes Sonntagsessen

1 Den Backofen auf 220 °C vorheizen. Senf, Weißwein, Thymian, Salz und Pfeffer zu einer Sauce verrühren. Die Kaninchenschenkel mit der Sauce einstreichen.

2 Wirsing und Kürbis klein schneiden. Das Gemüse auf dem Backblech verteilen und mit Salz und Pfeffer bestreuen. Mit dem Öl beträufeln und alle Zutaten mit den Händen vermischen.

3 Die Kaninchenschenkel auf das Gemüse legen und mit Alufolie abgedeckt 15 Minuten im Ofen garen. Gemüse und Fleisch wenden und weitere 35 Minuten garen.

FÜR **4** PERSONEN

VORBEREITEN: 20 MIN.
GAREN: 50 MIN.

KANINCHEN
mit Wirsing und Kürbis

2 EL TROCKENER WEISSWEIN →

4 KANINCHEN schenkel

3 EL Senf

1 TL getrocknete Thymianblätter

2 EL SONNENBLUMENÖL ↑

1 KLEINER WIRSING

1 kleiner Hokkaidokürbis →

SALZ + PFEFFER

Klassiker – *neu* interpretiert

1 Den Backofen auf 180 °C vorheizen. Die Zwiebel hacken. Mit Thymian, Kapern, Öl, Zitronensaft, Salz und Pfeffer verrühren. Tomaten und Spargel waschen. Bei Bedarf die Spargelenden entfernen und den Spargel leicht schälen.

2 Das Gemüse auf dem Backblech verteilen, mit etwas Zwiebelsauce beträufeln und mit den Händen vermischen. 10 Minuten im Ofen garen, dann das Gemüse wenden. Das Lachsfilet auf das Blech geben, mit der restlichen Sauce beträufeln und weitere 15 Minuten garen.

3 Heiß servieren. Als Beilage passt dazu Couscous.

FISCH - 54

FÜR **4** PERSONEN

**VORBEREITEN: 10 MIN.
GAREN: 25 MIN.**

LACHSFILET
mit geröstetem Spargel

1 großes
LACHSFILET
ohne Haut
(etwa 800 g)

4 Zweige
Thymian

600 g
grüner
Spargel

1 ROTE
ZWIEBEL

Saft
von 1 ZITRONE

3 EL
Kapern

4 EL natives
Olivenöl extra

500 G
KIRSCHTOMATEN

SALZ
+ PFEFFER

LACHSFILET
mit Regenbogen-Gemüse

1 BIO-
Zitrone

2 EL
getrockneter
Estragon

½
Blumenkohl

1 gelbe ZUCCHINI

1 Brokkoli

1 rote
Zwiebel

SALZ
+
PFEFFER

250 G
KIRSCH-
TOMATEN

4 EL
natives
Olivenöl
extra

4 LACHS-
filets
ohne Haut

1 Den Backofen auf 180 °C vorheizen. Die Tomaten waschen.
Brokkoli und Blumenkohl in Röschen teilen. Die Zwiebel hacken
und die Zucchini klein schneiden.

2 Das Gemüse getrennt nach
Farben auf ein mit Backpapier
ausgelegtes Backblech geben
und mit Salz, Pfeffer und etwas
Estragon würzen. Mit 2 Esslöffeln
Öl beträufeln und jede Gemüse-
sorte einzeln mit Öl und Gewürzen
vermischen. Mit Alufolie abgedeckt 20 Minuten im Ofen garen.

3 Die Zitrone längs halbieren
und in dünne Scheiben
schneiden. Die Lachsfilets mit
Salz, Pfeffer und restlichem
Estragon würzen. Mit dem restlichem Öl beträufeln. Auf das
Blech geben und mit den Zitronenscheiben belegen. Das Gemüse wenden und alles weitere
15 Minuten garen.

FÜR **4** PERSONEN

VORBEREITEN: 20 MIN.
GAREN: 35 MIN.

1 Den Backofen auf 180 °C vorheizen. Das Gemüse waschen und mit den Erbsen vermischen. 2 Esslöffel Öl zufügen, nochmals mischen und auf dem Backblech verteilen. Mit Alufolie abgedeckt 10 Minuten im Ofen garen.

2 Inzwischen den Lachs in 3 cm große Stücke schneiden. Den Knoblauch pressen. Mit Ingwer, Sojasauce, Honig, Sesamsaat und restlichem Öl verrühren. Die Lachsstücke in der Sauce marinieren.

3 Den Lachs auf dem Gemüse verteilen, die Zutaten mit der restlichen Sauce beträufeln und ohne Alufolie weitere 10 Minuten garen.

FISCH - 58

FÜR **4** PERSONEN

VORBEREITEN: 20 MIN.
GAREN: 20 MIN.

LACHSFILET
mit Frühlingsgemüse

2 Knoblauchzehen

1 Stück Ingwerwurzel (1 cm)

200 g grüner Spargel

200 g Erbsen (tiefgefroren)

4 EL Sojasauce

2 EL FLÜSSIGER HONIG

250 G ZUCKER-SCHOTEN

SALZ + PFEFFER

1 EL Sesamsaat

4 EL natives Olivenöl extra

600 G LACHSFILET VOM DICKEN TEIL

KABELJAUFILET
à la Fish and Chips

6 EL MEHL

2 EIER

SALZ + PFEFFER

4 Kabeljau-filets

4 EL Sonnenblumenöl

120 G SEMMELBRÖSEL

800 g festkochende Kartoffeln

MAYONNAISE MIT 1 EL GETROCKNETEM ESTRAGON, ZUM SERVIEREN

DAS REZEPT

1 Den Backofen auf 200 °C vorheizen. Die Kartoffeln waschen und in ca. 1,5 cm dicke Stifte schneiden. Mit Öl beträufeln, salzen, pfeffern und auf einem mit Backpapier ausgelegten Backblech verteilen. 30 Minuten im Ofen garen, dabei ein- bis zweimal wenden.

2 Die Eier auf einem Suppenteller verquirlen. Das Mehl salzen, pfeffern und auf einen zweiten Teller geben. Die Semmelbrösel auf einen dritten Teller geben. Den Kabeljau in Stücke schneiden und im Mehl wenden. Dann durch das Ei ziehen und zuletzt in den Semmelbröseln wenden. Anschließend nochmals in Ei und Semmelbröseln wenden.

3 Die Pommes Frites wenden, den Fisch auf das Blech legen und weitere 15 Minuten im Ofen garen. Mit Mayonnaise servieren.

FISCH – 60

FÜR **4** PERSONEN

VORBEREITEN: 25 MIN.
GAREN: 45 MIN.

Echt BRITISCH!

1 Den Backofen auf 200 °C vorheizen. Den Knoblauch pressen. Mit geriebenem Ingwer, 2 Esslöffeln Öl, Fischsauce und Sesamsaat zu einer Sauce verrühren. Den Brokkoli in Röschen teilen. Die Karotten mit einem Sparschäler in Streifen und die Frühlingszwiebeln in Stücke schneiden.

2 Das Gemüse auf dem Backblech verteilen. Mit 2 Esslöffeln Öl beträufeln und alles mit den Händen vermischen. Die Doraden auf das Gemüse legen und mit der Ingwersauce beträufeln. 20 Minuten im Ofen garen, dabei das Gemüse zwischendurch wenden.

3 Die Erdnüsse hacken und die Limette in Spalten schneiden. Vor dem Servieren Nüsse und Koriander auf das Gericht streuen und mit Limettenspalten garnieren.

FÜR 4 PERSONEN

VORBEREITEN: 20 MIN.
GAREN: 20 MIN.

DORADE *thailändisch*

2 EL Fischsauce

4 EL Sesamöl

1 Bund FRÜHLINGS-ZWIEBELN

½ Bund Koriander

4 kleine oder 2 mittlere küchenfertige Doraden

1 STÜCK INGWERWURZ (1 CM)

SALZ + PFEFFER

1 Bio-Limette

2 Karotten

1 BROKKOLI

1 Knoblauchzehe

50 g geröstete Erdnüsse

1 EL Sesamsaat

ROTBARBENFILET AUF
Tomaten-Zitronen-Bett

1 Bio-Zitrone

4 EL natives Olivenöl extra

500 g Tomaten

2 rote ZWIEBELN

8 ROT-BARBEN-FILETS

½ BUND PETERSILIE

SALZ + PFEFFER

1 Den Backofen auf 180 °C vorheizen. Die Tomaten vierteln, die Zitrone in Scheiben und die Zwiebeln in Streifen schneiden.

2 Tomaten und Zwiebeln auf dem Backblech verteilen und mit Salz und Pfeffer würzen. Mit dem Öl beträufeln und alles mit den Händen vermischen. Mit Alufolie abgedeckt 15 Minuten im Ofen garen. Tomaten und Zwiebeln auf eine Hälfte des Blechs schieben. Die andere Hälfte mit den Zitronenscheiben auslegen und die Fischfilets darauf verteilen.

3 Weitere 15 Minuten garen. Mit Petersilie bestreut servieren.

FÜR **4** PERSONEN
VORBEREITEN: 15 MIN.
GAREN: 30 MIN.

1 Den Backofen auf 200 °C vor-
heizen. Die Kartoffeln schälen
und in feine Scheiben schneiden.
Die Zwiebel in Ringe schneiden .

2 Das Gemüse auf dem Backblech verteilen. Kapern,
Weißwein, Öl, Salz und Pfeffer
zufügen und alles vorsichtig vermengen. Mit Alufolie abgedeckt
20 Minuten im Ofen garen.

3 Die Makrelenfilets auf dem
Gemüse verteilen und mit
dem Bratsud übergießen. Weitere 15 Minuten garen, dabei die
Kartoffeln gelegentlich mit einem Pfannenwender andrücken,
um sie mit der Bratflüssigkeit zu
tränken. Mit Estragon bestreut
servieren.

FISCH - 66

FÜR **4** PERSONEN
VORBEREITEN: 15 MIN.
GAREN: 35 MIN.

MAKRELENFILET
mit Kartoffeln

4 große
oder 8 kleine
Makrelenfilets

800 g
festkochende
Kartoffeln

2 EL
KAPERN

1 Zwiebel

½ Bund
ESTRAGON

200 ml
Weiß-
wein

3 EL
SONNENBLUMENÖL

SALZ
+ PFEFFER

WILLKOMMEN
in der *Bretagne!*

GARNELEN-
spieße mit Paprika

1 Den Backofen auf 200 °C vorheizen. Öl, Paprikapulver, Salz und Pfeffer in einer Schüssel verrühren und die Garnelen darin marinieren. Anschließend jeweils 4 Garnelen auf einen Holzspieß stecken.

2 Die Ananas in Stücke, Paprika und Zwiebel in Streifen schneiden. Das Gemüse mit der restlichen Marinade vermischen und auf dem Blech verteilen.

3 Die Garnelenspieße auf das Gemüse legen und 20 Minuten im Ofen garen. Gemüse und Garnelen nach 10 Minuten wenden.

1 EL
GERÄUCHERTES
PAPRIKAPULVER

SALZ
+ PFEFFER

4 EL natives
Olivenöl extra

½ ANANAS

16 große
ungeschälte
Garnelen

2 rote
PAPRIKA

1 Zwiebel

FISCH - 68

FÜR **4** PERSONEN

VORBEREITEN: 25 MIN.
GAREN: 20 MIN. ➡

1 Den Backofen auf 200 °C vorheizen. Die Karotten schälen und mit dem Spiralschneider in Streifen schneiden. Den Weißkohl in Streifen schneiden. Die Mango schälen und würfeln.

2 Limettensaft mit etwas Öl, Salz und Pfeffer verrühren.

3 Gemüse, Mango und Garnelen auf dem Backblech verteilen, mit dem Limettenöl beträufeln und mit Limettenschale bestreuen. Mit Salz und Pfeffer würzen. 15 Minuten im Ofen garen. Die Zutaten zwischendurch einmal wenden. Mit Koriander bestreut servieren.

FÜR **4** PERSONEN

VORBEREITEN: 20 MIN.
GAREN: 15 MIN.

GARNELEN
mit Mango

4 Karotten

½ WEISS-Kohl

16 große geschälte Garnelen

1 Mango

Saft und Schale von 1 Bio-Limette

½ BUND KORIANDER

4 EL Sonnenblumenöl

SALZ + PFEFFER

OMELETT VOM BLECH
mit Gemüse

12 Eier

1 EL CURRY-PULVER

200 g Zucker-schoten

3 Zucchini

SALZ + PFEFFER

4 SCHALOTTEN

4 EL natives Olivenöl extra

3 KAROTTEN

½ Bund Petersilie

1 Den Backofen auf 200 °C vorheizen. Das Gemüse in möglichst gleich große Stücke schneiden. Mit etwas Currypulver, Salz und Pfeffer würzen und mit Öl beträufeln.

2 Das Backblech bei Bedarf mit Backpapier auslegen und das Gemüse darauf verteilen. 20 Minuten im Ofen garen. Zwischenzeitlich die Eier mit gehackter Petersilie, Salz, Pfeffer und restlichem Currypulver verquirlen.

3 Die Eier nach 20 Minuten Garzeit über das Gemüse gießen und weitere 15 Minuten im Ofen stocken lassen.

FÜR 4 PERSONEN

VORBEREITEN: 20 MIN.
GAREN: 35 MIN.

IDEAL zum
Brunch

1 Den Backofen auf 200 °C vorheizen. Süßkartoffeln, Zucchini und Zwiebel in Würfel schneiden. Mit mexikanischer Gewürzmischung, Salz und Pfeffer würzen. Mit dem Öl vermischen.

2 Das Gemüse auf dem mit Backpapier ausgelegten Backblech verteilen und 20 Minuten im Ofen garen.

3 Mais und Kidneybohnen nach 20 Minuten auf das Blech geben und mit dem Gemüse vermischen. Mit einem Löffel acht Vertiefungen ins Gemüse drücken, die Eier aufschlagen und vorsichtig hineingeben. Weitere 10 Minuten im Ofen garen, bis die Eier gestockt sind.

FÜR **4** PERSONEN
VORBEREITEN: 20 MIN.
GAREN: 30 MIN.

EIER
mexikanisch

1 EL MEXIKANISCHE GEWÜRZMISCHUNG

4 EL natives Olivenöl extra

250 G MAIS AUS DER DOSE (ABTROPFGEWICHT)

250 G KIDNEYBOHNEN AUS DER DOSE (ABTROPFGEWICHT)

1 Zwiebel

2 Zucchini

2 Süß-KARTOFFELN

8 Eier

SALZ + PFEFFER

Power-FRÜHSTÜCK!

FALAFELN
mit Gemüsemix

400 G KICHERERBSEN
AUS DER DOSE
(ABTROPFGEWICHT)

100 g
Feta

½ BUND
KORIANDER

20 Falafeln (aus
dem Kühlregal)

4 ZUCCHINI,
grün und gelb

1 EL Zatar
(libanesische
Gewürz-
mischung)

4 EL NATIVES
OLIVENÖL EXTRA

250 g
KIRSCHTOMATEN

SALZ
+ PFEFFER

1 Den Backofen auf 200 °C vorheizen. Die Zucchini in Stücke schneiden. Die Tomaten halbieren. Das Gemüse auf dem Backblech verteilen, mit dem Öl beträufeln und mit Zatar, Salz und Pfeffer würzen. Mit den Händen alles gut vermischen.

2 20 Minuten unter gelegentlichem Wenden im Ofen garen. Dann die Kichererbsen zufügen und mit dem Gemüse vermischen. Die Falafeln darauf verteilen und weitere 10 Minuten garen.

3 Mit zerkrümeltem Feta und gehacktem Koriander bestreut servieren. Mit Fladenbrot lassen sich aus dem Gericht leckere Sandwiches zubereiten.

FÜR **4** PERSONEN

VORBEREITEN: 15 MIN.
GAREN: 30 MIN.

BESONDERS lecker mit Fladenbrot

1 Den Backofen auf 200 °C vorheizen. Den Blumenkohl in Röschen teilen, die Zwiebel in Streifen und die Kartoffeln in Stücke schneiden. Das Gemüse auf dem Backblech verteilen und mit Currypulver, Kreuzkümmel, Kurkuma, Salz und Pfeffer würzen. Etwas Öl zugeben und alles mit den Händen gut vermischen. Mit Alufolie abgedeckt 30 Minuten im Ofen garen. Die Zutaten zwischendurch einmal wenden.

2 Den Tofu in Würfel schneiden und wie das Gemüse würzen.

3 Nach 30 Minuten mit dem Gemüse vermischen und weitere 10 Minuten ohne Alufolie garen. Mit Koriander oder Petersilie bestreut servieren.

FÜR **4** PERSONEN

VORBEREITEN: 20 MIN.
GAREN: 40 MIN.

TOFU
indisch

1 TL GEMAHLENE KURKUMA

1 EL gemahlener Kreuzkümmel

4 EL Curry

400 g TOFU natur oder mit Kräutern

frischer Koriander oder frische Petersilie

1 Blumenkohl

SALZ + PFEFFER

1 Zwiebel

4 große Kartoffeln

4 EL natives Olivenöl extra

GEMÜSE & TOFU
à la Buddha-Bowl

2 EL SOJASAUCE

6 EL natives Olivenöl extra

4 Kartoffeln

½ ROT-KOHL

400 g Tofu (natur oder geräuchert)

2 Zwiebeln

2 Mai-RÜBCHEN

2 gelbe ZUCCHINI

SALZ + PFEFFER

2 EL getrockneter Oregano

400 G BUTTER-NUSSKÜRBIS

1 Den Backofen auf 200 °C vor-heizen. Kürbis und Rübchen schälen. Alle Gemüsesorten klein schneiden.

2 Das Gemüse nach Farben getrennt auf dem Backblech verteilen und mit Salz, Pfeffer und Oregano würzen. Mit dem Öl beträufeln und jede Gemüse-sorte einzeln vermischen. Mit Alufolie abgedeckt 30 Minuten im Ofen garen.

3 Den Tofu in Würfel schneiden. Wie das Gemüse, jedoch zu-sätzlich mit Sojasauce würzen. Das Blech aus dem Ofen nehmen, die Gemüsereihen wenden, dabei eine Reihe für die Tofuwürfel freimachen. Weitere 10 Minuten ohne Alufolie garen. Das Gericht hübsch in Schüsseln anrichten und servieren.

FÜR 4 PERSONEN

VORBEREITEN: 25 MIN.
GAREN: 40 MIN.

Mit REIS servieren

1 Den Backofen auf 180 °C vorheizen. Die Pflaumen entkernen und halbieren. Den Honig mit Butter und Zimt in einem Topf zerlassen. Das Obst auf dem Backblech verteilen und mit der Butter-Honig-Mischung beträufeln.

2 25 Minuten im Ofen garen, bis die Früchte goldgelb sind und etwas Saft austritt.

3 Die Plätzchen zerkrümeln und über das Obst streuen. Heiß oder lauwarm mit Vanilleeis servieren.

VARIANTEN: Die Pflaumen lassen sich durch Pfirsiche oder Aprikosen ersetzen. Statt der Mürbeteigplätzchen können Sie auch Amaretti verwenden.

FÜR **4** PERSONEN

VORBEREITEN: 10 MIN.
GAREN: 25 MIN.

PFLAUMEN
mit Honig

8 MÜRBETEIG-PLÄTZCHEN (z. B. Shortbread)

1 EL gemahlener Zimt

4 EL FLÜSSIGER HONIG

50 g Butter

1 kg Mirabellen und Zwetschgen

Vanilleeis

RÖSTMANGO
mit Honig und Limette

Saft von **2** LIMETTEN

3 REIFE MANGOS

Sorbet

4 EL *flüssiger* Honig

SCHALE VON 1 BIO-LIMETTE

80 g frische Kokosnuss, fein gehobelt

1 Den Backofen auf 180 °C vorheizen. Die Mangos halbieren, entkernen und in etwas dickere Streifen schneiden. Den Honig mit Limettensaft und -schale verrühren.

2 Die Mangostreifen auf dem Backblech verteilen, mit der Honigmischung beträufeln und mit den Kokoschips bestreuen.

3 25 Minuten im Ofen garen, bis die Mangos etwas Fruchtsaft verloren haben. Heiß oder lauwarm mit Sorbet, am besten Kokossorbet, servieren.

FÜR **4** PERSONEN

VORBEREITEN: 10 MIN.
GAREN: 25 MIN.

Sonnenfrüchte
mal anders

1 Den Backofen auf 160 °C vorheizen. Eine 26 x 30 cm große Form mit Backpapier auslegen. Das Papier mit Öl einfetten.

2 Schokolade und Butter in Stücke brechen bzw. schneiden und in der Mikrowelle schmelzen. Die Mischung in eine Schüssel füllen. Zucker und Eier zufügen. Alles gründlich mit einem Schneebesen verrühren. Mehl und Salz portionsweise unter ständigem Rühren zufügen. Die Nüsse hacken und mit einem Löffel unterheben.

3 Den Teig in die Form gießen, glatt streichen und 20 Minuten im Ofen backen, bis der Kuchen durchgebacken, aber nicht zu trocken ist. In Stücke schneiden und servieren.

DESSERTS - 86

FÜR **6** PERSONEN

VORBEREITEN: 15 MIN.
GAREN: 20 MIN.

SCHOKOLADENKUCHEN
à la Brownie

1 Prise Salz

3 Eier

150 G BUTTER

125 g PEKANNUSS-KERNE

150 g Zucker

120 g Mehl

150 G ZARTBITTER-SCHOKOLADE

Besonders lecker mit einer **Kugel** VANILLEEIS

MEINE KLEINE
Einkaufsliste

Fortsetzung

S. 48
Lammschulter mit Blumenkohl
2 Knoblauchzehen
1 Lammschulter
4 EL natives Olivenöl extra
2 EL Kräuter der Provence
1 Blumenkohl
1 Zwiebel
2 EL körniger Senf

S. 50
Lammkeule mit Rösti
3 Knoblauchzehen
1 Lammkeule
6 EL natives Olivenöl extra
3 Tomaten
1 Zucchini
1 rote Paprika
1 Zwiebel
6 große Kartoffeln

S. 52
Kaninchen mit Wirsing und Kürbis
3 EL Senf
2 EL trockener Weißwein
1 TL getrocknete Thymianblätter
4 Kaninchenschenkel
1 kleiner Wirsing
1 kleiner Hokkaidokürbis
2 EL Sonnenblumenöl

S. 54
Lachsfilet mit geröstetem Spargel
1 rote Zwiebel
4 Zweige Thymian
3 EL Kapern
4 EL natives Olivenöl extra
Saft von 1 Zitrone
500 g Kirschtomaten
600 g grüner Spargel
1 großes Lachsfilet ohne Haut (etwa 800 g)

S. 56
Lachsfilet mit Regenbogen-Gemüse
250 g Kirschtomaten
1 Brokkoli
½ Blumenkohl
1 rote Zwiebel
1 gelbe Zucchini
2 EL getrockneter Estragon
4 EL natives Olivenöl extra
4 Lachsfilets ohne Haut
1 Bio-Zitrone

S. 58
Lachsfilet mit Frühlingsgemüse
250 g Zuckererbsen
200 g grüner Spargel
200 g Erbsen (tiefgefroren)
4 EL natives Olivenöl extra

600 g dickes Lachsfilet
2 Knoblauchzehen
1 Stück Ingwerwurzel (1 cm)
4 EL Sojasauce
2 EL flüssiger Honig
1 EL Sesamsaat

S. 60
Kabeljaufilet à la Fish and Chips
800 g Kartoffeln (z. B. Amandine)
4 EL Sonnenblumenöl
2 Eier
6 EL Mehl
120 g Semmelbrösel
4 Kabeljaufilets
Mayonnaise mit 1 EL getrocknetem Estragon, zum Servieren

S. 62
Dorade thailändisch
1 Knoblauchzehe
1 Stück Ingwerwurzel (1 cm)
4 EL Sesamöl
2 EL Fischsauce
1 EL Sesamsaat
1 Brokkoli
2 Karotten
1 Bund Frühlingszwiebeln
4 kleine oder 2 mittlere küchenfertige Doraden
50 g geröstete Erdnüsse
1 Bio-Limette
½ Bund Koriander

S. 64
Rotbarbenfilet auf Tomaten-Zitronen-Bett
500 g Tomaten
1 Bio-Zitrone
2 rote Zwiebeln
4 EL natives Olivenöl extra
8 Rotbarbenfilets
½ Bund Petersilie

S. 66
Makrelenfilet mit Kartoffeln
800 g festkochende Kartoffeln
1 Zwiebel
2 EL Kapern
200 ml Weißwein
3 EL Sonnenblumenöl
4 große oder 8 kleine Makrelenfilets
½ Bund Estragon

S. 68
Garnelenspieße mit Paprika
4 EL natives Olivenöl extra
1 EL geräuchertes Paprikapulver
16 große ungeschälte Garnelen
½ Ananas
2 rote Paprika
1 Zwiebel

Alphabetisches Rezeptverzeichnis

ISBN 978-3-8094-4043-7

3. Auflage 2019

© 2018 by Bassermann Verlag, einem Unternehmen der Verlagsgruppe
Random House GmbH, Neumarkter Straße 28, 81673 München
© der Originalausgabe Larousse 2018
Originaltitel: Ne soyez pas à côté de la plaque (au four)!

Für die deutsche Ausgabe
Umschlaggestaltung: Atelier Versen, Bad Aibling
Herstellung: Elke Cramer
Projektleitung: Anja Halveland

Für die französische Originalausgabe
Direction de la publication: Isabelle Jeuge-Maynart et Ghislaine Stora
Direction éditoriale: Emile Franc
Édition: Coralie Benoit
Conception graphique: Émilie Laudrin
Couverture: Eliott Joussain
Mise en page: Caroline Rimbault
Fabrication: Donia Faiz

Realisierung der deutschen Ausgabe: trans texas publishing services GmbH, Köln
Übersetzung: Lena Rütter, Köln

Satz: trans texas publishing Services GmbH, Köln
Druck & Verarbeitung: Těšínská tiskárna, Český Těšín

Printed in the Czech Republic

Verlagsgruppe Random House FSC® N001967